MODERN COOKING

KARIN IDEN

Die schnellsten

PRALINEN der Welt

LEICHT & VERFÜHRERISCH

- • Pralinés, Trüffel und Konfekt
- • Zum Vernaschen – Feines in 20 Minuten

AUGUSTUS

INHALTSVERZEICHNIS

ABKÜRZUNGEN

EL = Esslöffel
TL = Teelöffel
g = Gramm
ml = Milliliter
cl = Zentiliter
cm = Zentimeter
mm = Millimeter
°C = Grad Celsius
Pck. = Päckchen bzw. Packung
Gew.-Kl. = Gewichtsklasse

VON ADLIGER HERKUNFT

Klein, fein, edel – Pralinen gehören zu den ganz exquisiten Köstlichkeiten. Allein der Name zergeht auf der Zunge, und für den verzückten Pralinisten sind sie einfach himmlisch.

Ein Blick in das Geschichtsbuch verrät ihre adlige Herkunft. Die Karriere der Praline nahm bereits im 17. Jahrhundert ihren Anfang – kurz nach dem 30-jährigen Krieg wurde die Schokolade hoffähig. Schon damals erfreute Konfekt in Form von überzuckerten Mandeln oder Nüssen die barocken Feinschmecker. Die Geburtsstunde der Praline schlug 1663 – nicht etwa in Frankreich, sondern in Regensburg, damals Sitz des »Immerwährenden Reichstages«. Als Beobachter sandte Ludwig XIV. den Herzog Choiseul du Plessis-Praslin zu diesem Kongress. Damit die anwesenden Diplomaten mit feiner Zunge keine »Entzugserscheinungen« kulinarischer Art erleiden mussten, hatte ihnen der wohlhabende Augsburger Handelsherr Fugger seinen deutschen Koch zur Verfügung gestellt. Dieser kam auf die Idee, das sonst übliche Reichstagskonfekt, das Lakaien während der Sitzungen herumreichten, zu verfeinern, und überzog es mit Schokolade. Zu Ehren des Herzogs gab er dem Konfekt den Namen »Praslin«, woraus später der Begriff »Praline« entstand.

IMMER EINE SÜNDE WERT

Nicht nur Schokolade, auch Pralinen machen glücklich. Diese Aussage ist inzwischen sogar wissenschaftlich erwiesen. Das Glücksgefühl, das uns beim Naschen süßer Köstlichkeiten überkommt, haben wir dem Botenstoff Serotonin zu verdanken. Je mehr Serotonin ins Gehirn gelangt, umso besser wirkt sich das auf unsere gute Laune aus. Wahre Pralinenfans genießen die süßen Verführer einzeln und in Maßen, denn ihnen kommt es auf den puren Ge-

PRALINEN –
KÖNIGLICHER GENUSS

nuss und nicht auf die Menge an. Und wem Qualität vor Quantität geht, der muss sich auch nicht allzu große Sorgen um die schlanke Linie machen. Wer so seine Liebe zu den kleinen Leckereien entdeckt, wird schon bald feststellen, dass eine Praline immer eine kleine Sünde wert ist.

RICHTIGES EQUIPEMENT VON A–Z

Die folgenden Helfer, von denen Sie die meisten ohnehin in Ihrer Küche haben werden, sind unentbehrlich für die Herstellung edler Köstlichkeiten:

• Aluminium, Pergamentpapier sowie Frischhaltefolie.
• Backpinsel – einen zum Auftragen von Schokoladen- oder Fondantmassen, einen zweiten für Fett oder Glasuren.
• Elektrisches Handrührgerät mit Zusatzteilen wie Schneebesen und Knethaken sowie einem Schneidstab.
• Koch- oder Simmertopf (20 cm Ø). Er wird, ebenso wie eine
• Metallschüssel, für das Wasserbad benötigt. Ideal ist aber ein Kuvertüre-Temperiertopf, den es mittlerweile im Handel gibt.
• Pralinenabtropfgitter (wahlweise ein Kuchengitter), auf dem Sie Ihre süßen Kunstwerke ablegen können.
• Pralinengabeln mit jeweils extra langen, dünnen Zinken, einem Ring oder einer Spirale. Damit können Sie die Pralinenkörper vorsichtig in der Schokoladenmasse untertauchen.
• Rührlöffel aus Plastik.
• Schneidebrett aus Kunststoff, Metall oder Marmor.

• Spritzbeutel mit verschiedenen Tüllen (Loch-, Stern-, breiter und feiner Tülle) zum Füllen der Pralinen.
• Spritztüte zum Verzieren der Pralinen.
• Teigroller zum Ausrollen der Marzipan- oder Pralinenmasse.
• Teigschaber – damit bekommen Sie den kleinsten Rest aus jeder Schüssel.

GUT GETAUCHT – DER SCHOKOLADENÜBERZUG

Vor dem Garnieren bekommen die Pralinenkörper – je nach Sorte – einen Überzug aus Schokoladenkuvertüre. Dazu taucht man sie in temperierte, wieder abgekühlte Schokoladenkuvertüre (Hohlkugeln und Halbschalen vorher verschließen) und setzt sie auf das Pralinenabtropfgitter. Der Schokoladenüberzug soll nur »anziehen«, das heißt halbfest werden; so bleibt die spätere Garnierung gut an der Hülle haften.

DIE KUVERTÜRE TEMPERIEREN

Geben Sie die grob geschnittene Kuvertüre in eine Schüssel, und setzen Sie diese in ein Wasserbad, das nicht mehr als 50 °C haben darf. Die Kuvertüre selbst sollte nicht über 35 °C erhitzt werden. Geben Sie zur Probe einfach einen Tropfen Schokolade auf den Handrücken; der Tropfen sollte handwarm sein. Die Kuvertüre gut umrühren, abkühlen lassen, nochmals erwärmen und wieder abkühlen lassen. Dies verhindert, dass die Kuvertüre stumpf wird. Wird sie es doch, schmecken die Pralinen trotzdem, sehen aber nicht mehr so glänzend aus.

DER TRÜFFELTRICK

Bei Trüffeln, die in Streusel, Sesam, Krokant, Kakao oder Puderzucker gewälzt werden, kann das Temperieren der Kuvertüre entfallen. Die Kuvertüre zum Tauchen sollte abgekühlt, aber noch flüssig sein, sonst schmilzt die Trüffelmasse. Die Trüffelmasse oder die gefüllte Hohlkugel bzw. Halbschale muss von der Kuvertüre völlig umgeben sein, sonst fließt der zu umhüllende Kern aus.

PERFEKT GEWÄLZT

So geht's: Lassen Sie die Pralinenkörper, die zuvor in Kuvertüre getaucht wurden, gut abtropfen. Geben Sie dann nach und nach je 2 bis 3 Pralinenkörper in eine Schüssel mit dem jeweiligen Material (Streusel, Kakao, Puderzucker usw.). Die Pralinen werden mit kreisenden Bewegungen darin gewälzt. Auch wenn die Pralinen außen noch recht weich sind, lässt man sie so lange in der Garniermasse liegen, bis sie fest sind. Anschließend mit einer Gabel herausheben und auf Backpapier erstarren lassen; überschüssiges Material fällt dabei von selbst ab.

HOHLKUGELN ODER HALBSCHALEN FÜLLEN

Nicht nur aus Trüffelteig lassen sich Pralinen bereiten. Sehr leckere Zubereitungen (Farcen) lassen sich auch in Schokoladen-Halbfertigprodukte (Bezugsadressen siehe hintere Umschlaginnenseite), die es als Hohlkugeln oder Halbschalen in verschiedenen Formen

TIPPS & TRICKS
VOM PROFI

und unterschiedlichen Geschmacksrichtungen gibt, füllen. Ungefüllt halten sich diese Formen bei 15 bis 17 °C etwa 1 bis 2 Monate. Das Füllen ist denkbar einfach:

1 Die Füllung in die Öffnungen der Hohlkugeln (oder Halbschalen) geben.

2 Die Öffnungen mit temperierter Kuvertüre verschließen.

3 Die Pralinenkörper noch in Kuvertüre tauchen und nach Belieben garnieren.

HÜBSCH IN SCHALE

Exquisiter Inhalt erfordert eine entsprechende Verpackung. In Frankreich waren 1780 erlesene Bonbonnieren modern. Die luxuriösesten unter ihnen waren sogar mit Halbedelsteinen verziert. Heute verhindern Pralinenkapseln aus Pergaminpapier das Zusammenkleben der kleinen Kunstwerke. Und auch gerollte Spitztüten für Nougatmasse lassen sich »süß« füllen. Übrigens finden Sie bei unseren Rezepten dekorative Verpackungstipps, mit denen Sie Ihre selbst hergestellten Köstlichkeiten zu einem individuellen Mitbringsel machen können.

SCHNELL GENIESSEN

Warten Sie mit dem Genießen der kleinen Gaumenfreuden nicht zu lange. Pralinen sollte man höchstens 1 Woche aufbewahren. Dabei jede Sorte separat in eine gut verschließbare Plastik- oder Metalldose packen und die einzelnen Lagen durch Pergamentpapier trennen. Die Dose sollte kühl und trocken stehen – am besten im Kühlschrank. Übrigens: Pralinen lassen sich (leider) nicht einfrieren.

TRÜFFEL & CO.

VON EINFACH
BIS RAFFINIERT

1. Die Eiweiße zu steifem Eischnee schlagen. Zucker und Vanillezucker unter ständigem Rühren einrieseln lassen. Die Eiweißmasse im Wasserbad weiterschlagen, bis sie dickschaumig und zähflüssig ist.

2. Die gehackten Nüsse unterheben und die Eiweißmasse gut abkühlen lassen. 1 Oblate auf ein mit Backpapier ausgelegtes Backblech legen. Die Masse darauf verteilen und vorsichtig glatt streichen.

3. Die zweite Oblate auf die Eiweißmasse legen, leicht andrücken und 2 Stunden bei Raumtemperatur stehen lassen. Sobald die Masse angezogen hat, eine Platte (z. B. ein Frühstücksbrett) zum Beschweren darauf legen. Über Nacht trocknen lassen.

4. Nach dem Festwerden die Masse in etwa 40 kleine Rechtecke schneiden. Das Konfekt in eine Metalldose setzen und kühl aufbewahren.

TIPPS

Legen Sie die Platte zum Beschweren nicht zu früh auf die Oblaten, sonst quillt die Masse seitlich heraus. Statt der Walnüsse können Sie auch gehackte rote und grüne Belegkirschen oder gehackte Pistazien verwenden.

WEISSES KONFEKT
MIT WALNÜSSEN UND MANDELN

Für etwa 40 Stück

2 Eiweiße (Eier Gew.-Kl. S)
60 g feinster Zucker
1/2 Pck. Vanillezucker
je 50 g grob gehackte
Walnüsse und Mandeln
2 große rechteckige
Oblaten (je 12 × 20 cm)

🕐 Arbeitszeit: ca. 40 Minuten
Zeit zum Trocknen: 2 Stunden
und über Nacht

1 Die Halbbitterkuvertüre grob zerkleinern und im Wasserbad schmelzen. Das Kokosfett zufügen und die Kuvertüre abkühlen lassen. Den Vanillezucker und die Cornflakes unterheben.

2 Mit zwei Teelöffeln von der Masse kleine Häufchen auf ein mit Pergamentpapier ausgelegtes Backblech setzen und diese im Kühlschrank 2 Stunden erkalten lassen.

SCHÖN VERPACKT

Hübsch sieht es aus, wenn Sie die Crossies in ein Körbchen, das mit weißem oder durchsichtigem Papiergras gefüllt ist, setzen.

200 g Halbbitterkuvertüre
25 g Kokosfett
1 Pck. Vanillezucker
100 g Cornflakes

CROSSIES MIT CORNFLAKES

Für etwa 35 Stück

Arbeitszeit: ca. 25 Minuten
Kühlzeit: 2 Stunden

1 Die Sahne aufkochen. Butter und Kuvertüre darin schmelzen. 20 Minuten kühl stellen.

MINTKÜSSCHEN

Für 22 Stück

Arbeitszeit: ca. 20 Minuten
Kühlzeit: 2 Stunden 20 Minuten

2 Pralinenmasse und Minzöl cremig aufschlagen und in Tupfen auf die After-Eight-Täfelchen spritzen. Nochmals 2 Stunden kühl stellen.

50 g Sahne
20 g Butter
125 g weiße Kuvertüre
3–4 Tropfen Minzöl
(aus der Apotheke)
22 Täfelchen After Eight

125 g Sahne
300 g feinster Zucker
3 EL Mandellikör
50 g geschälte gehackte
Mandeln
75 g Haselnusskrokant

1 Sahne und Zucker aufkochen. Mandellikör, Mandeln und Krokant zufügen und unter Rühren etwa 20 Minuten kochen lassen, bis die Masse zähflüssig wird.

2 Eine Kastenform von 25 cm Länge mit Frischhaltefolie auslegen. Die Masse einfüllen und die Form für 2 Stunden in den Kühlschrank stellen.

3 Den Inhalt der Form auf eine Platte stürzen, die Folie abziehen und die Toffeemasse in 2 cm große Würfel schneiden.

MANDEL-NUSS-TOFFEES

Für etwa 50 Stück

🌙 **Arbeitszeit: ca. 25 Minuten**
Kühlzeit: 2 Stunden

1 Alle Zutaten ohne Kuvertüre verkneten, 1 cm dick ausrollen und in 4 × 1 cm große Stäbchen schneiden.

KROKANT-MARZIPAN-STÄBCHEN

Für etwa 60 Stück

🌙 **Zubereitungszeit: ca. 20 Minuten**

100 g Haselnusskrokant
50 g Puderzucker
200 g Marzipanrohmasse
3 EL Mozart Liqueur
1/2 TL Zimt
150 g Halbbitterkuvertüre

2 Die Kuvertüre im Wasserbad schmelzen, temperieren und abkühlen lassen. Ein Ende der Stäbchen in die Kuvertüre tauchen, abtropfen und völlig erstarren lassen.

1 Die Orangen heiß waschen. Die Schale von den Orangen dünn abschälen. Die Orangenschalen mit 500 Milliliter Wasser bedeckt 5 Minuten sprudelnd kochen, herausnehmen und auf einem Tuch abtropfen lassen.

2 Von dem Kochwasser 125 Milliliter abmessen und mit dem Zucker aufkochen. Die Orangenschalen in 4 cm lange und 1 cm breite Streifen schneiden. Diese in der Zuckerwasserlösung 30 Minuten dickflüssig einkochen.

3 Die Orangenstreifen in einem Sieb gut abtropfen lassen und in Zucker wälzen. Die Orangenstäbchen auf einer mit Pergamentpapier ausgelegten Platte kühl stellen.

4 Die Kuvertüre zerkleinern, im Wasserbad schmelzen, temperieren und abkühlen lassen. Die Stäbchen entweder ganz oder nur zur Hälfte in die Kuvertüre tauchen, nochmals abtropfen und trocknen lassen.

VARIANTE

Für kandierte Ingwerstäbchen schneiden Sie 600 Gramm geschälten, frischen Ingwer erst in Scheiben, dann in Streifen. In 500 Milliliter Wasser 30 Minuten zugedeckt garen. Abtropfen lassen und in Zuckersirup aus 100 Milliliter Wasser und 500 Gramm Zucker 30 Minuten glasig werden lassen. Herausnehmen, nochmals abtropfen und in Zucker wälzen.

2 große unbehandelte Orangen
150 g feinster Zucker
Zucker zum Wälzen
100 g Halbbitter- oder Vollmilchkuvertüre

KANDIERTE ORANGENSTÄBCHEN
HALB UND HALB

13

Für etwa 50 Stück

Zubereitungszeit: ca. 40 Minuten

SCHÖN VERPACKT

Geben Sie die kandierten Stäbchen lagenweise in eine runde Metalldose mit nostalgischem Motiv. Die Dose verzieren Sie noch mit einem schönen Schleifenband.

1 Zucker und Traubenzucker in 100 Milliliter heißem Wasser bei mittlerer Hitze unter Rühren auflösen. Ohne Rühren 1 bis 2 Minuten sprudelnd kochen lassen, vom Herd nehmen.

2 Die Gelatine in 50 Milliliter kaltem Wasser einweichen und unter den leicht abgekühlten Sirup rühren. Das Eiweiß sehr steif schlagen. Unter ständigem Schlagen den Zuckersirup zum Eischnee gießen und so lange schlagen, bis die Masse dickschaumig ist und fest zu werden beginnt.

3 1/3 der Schaummasse abnehmen und beiseite stellen. In die restliche Eischaummasse Grenadine-Sirup einrühren. Eine rechteckige Form (z. B. eine Eiswürfelschale ohne Einsatz) mit Puderzucker bestäuben. Die Massen abwechselnd einschichten. Für 4 bis 5 Stunden kühl stellen.

4 Die Masse auf ein mit Puderzucker bestäubtes Backblech stürzen. Die Oberfläche ebenfalls mit Puderzucker

250 g feinster Zucker
1/2 EL Traubenzucker
1 1/2 Pck. gemahlene Gelatine
1 Eiweiß (Ei Gew.-Kl. M)
25 ml Grenadine-Sirup
etwas Puderzucker zum Bestäuben
Pflanzenöl für das Messer

14

SCHAUMKONFEKT
MIT GRENADINE-SIRUP

Für etwa 30 Stück

TIPP
Dieses Schaumkonfekt ist etwas für Marsh-Mallow-Fans. Statt Grenadine-Sirup können Sie auch 3 bis 4 Tropfen rote Speisefarbe verwenden.

◑ **Arbeitszeit: ca. 30 Minuten**
Kühlzeit: ca. 5 Stunden

bestäuben. Das Konfekt mit einem leicht geölten Messer in etwa 30 Rechtecke schneiden.

SCHÖN VERPACKT

Gut zur Geltung kommen die Pralinen in zart-grünen Pralinen-kapseln. Platzieren Sie diese in einer grünen Schachtel mit durchsichtigem Deckel, und verschnüren Sie die Schachtel mit mehreren dünnen, grünen Bändern.

125 g weiße Kuvertüre
1 EL feinster Zucker
90 g Butter
1 frisches Eigelb
(Ei Gew.-Kl. M)
1 TL Minzöl
(aus der Apotheke)
20 Aluminiumkapseln

1 Die Kuvertüre zerkleinern und zusammen mit Zucker, Butter und dem Eigelb im Wasserbad schmelzen. Die Masse vom Herd nehmen und kräftig durchschlagen. Das Minzöl einrühren. Die Trüffelmasse im Kühlschrank in etwa 10 Minuten fest werden lassen.

2 Von der Trüffelmasse mit zwei Teelöffeln kleine Stücke abstechen und fast rund geformt in die Pralinenkapseln setzen. Oder die Masse in einen Spritzbeutel (Sterntülle) geben und kleine Häufchen in die Aluminiumkapseln spritzen. Die Minztrüffel kühl aufbewahren.

WEISSE TRÜFFEL MIT MINZÖL

Für 20 Stück

VARIANTE

Sie können die gesamte oder aber einen Teil der Trüffelmasse auch mit 2 Tropfen grüner Speisefarbe vermischen und obenauf eine grüne Zuckerperle oder ein Zuckerblümchen setzen.

🕐 Arbeitszeit: ca. 20 Minuten
Kühlzeit: ca. 10 Minuten

1 Die gesplitterten Mandeln in einer beschichteten Pfanne ohne Zugabe von Fett bei mittlerer Hitze goldgelb rösten. Die gerösteten Mandelsplitter herausnehmen und abkühlen lassen.
2 Die beiden Kuvertüren zerkleinern und getrennt im Wasserbad schmelzen. Das Kokosfett in die Vollmilchkuvertüre rühren. Beide Kuvertüren etwas abkühlen lassen. Die gerösteten Mandelsplitter je zur Hälfte vorsichtig unterheben.
3 Mit zwei kurz in heißes Wasser getauchten Teelöffeln kleine Nocken von den Massen abstechen. Die Nocken auf ein mit Pergamentpapier ausgelegtes Backblech setzen. Die Mandelsplitter abkühlen lassen und für 2 Stunden in den Kühlschrank stellen.

SCHÖN VERPACKT

Setzen Sie die völlig ausgekühlten Mandelsplitter in ein Weckglas mit Metallverschluss. Dekorieren Sie den Deckel des Weckglases mit einem Stück bunten Stoff und einer Seidenblüte.

300 g gesplitterte Mandeln
je 250 g weiße Kuvertüre
und Vollmilchkuvertüre
25 g Kokosfett

KNUSPRIGE MANDELSPLITTER

Für etwa 65 Stück

Arbeitszeit: ca. 25 Minuten
Kühlzeit: 2 Stunden

TIPP

Damit sich die Nocken gut abstechen lassen und nicht kleben bleiben, tauchen Sie die Teelöffel zwischendurch immer wieder in heißes Wasser.

1 Die Vollmilchkuvertüre grob zerkleinern. Die Sahne zusammen mit der
Butter und dem Rum-back aufkochen.
Die zerkleinerte Vollmilchkuvertüre
hinzufügen und darin schmelzen.
1 Teelöffel Zimt zu der Masse geben
und diese kräftig durchrühren. Die
Trüffelmasse für 15 bis 20 Minuten in
den Kühlschrank stellen.

300 g Vollmilchkuvertüre
100 g Sahne
75 g weiche Butter
1 Beutel Rum-back
3 TL Zimt
3 EL feinster Zucker

2 Von der Trüffelmasse mit zwei Teelöffeln Nocken abstechen und diese
mit kalten Händen zu Kugeln formen.

3 Den restlichen Zimt mit dem Zucker
mischen und die Kugeln darin wälzen.
Die Zimttrüffel kühl aufbewahren.

ZIMTTRÜFFEL
MIT RUMGESCHMACK
Für etwa 40 Stück

VARIANTE
Wenn die Trüffel so richtig
nach Weihnachten schmecken
sollen, verwenden Sie einfach
die gleiche Menge Lebkuchen-
gewürz statt Zimt.

Arbeitszeit: ca. 40 Minuten
Kühlzeit: ca. 20 Minuten

SCHÖN VERPACKT

Edel wirkt es, wenn Sie die Vanilletrüffel zusammen mit Rum-
und Zimttrüffeln auf einem großen, weißen Teller arrangieren
und glänzende Goldsternchen
aus dem Bastelladen drum-
herum streuen.

150 g weiße Kuvertüre
1 Vanillestange
75 g Sahne
2 cl Cognac
40 g weiche Butter
25 g weiches Kokosfett
35 Aluminiumkapseln
Vollmilchschokolade,
Haselnusskrokant und
geröstete Mandelblättchen
zum Garnieren

1 Die weiße Kuvertüre zerkleinern. Die
Vanillestange längs aufschlitzen und
das Mark mit einem spitzen Messer
herauskratzen. Die Sahne zusammen
mit dem Vanillemark aufkochen. Die
Kuvertüre darin schmelzen. Den Topf
vom Herd nehmen.

2 Cognac, weiche Butter und Kokosfett
zu der Masse geben, diese abkühlen
lassen und im Kühlschrank in 15 bis
20 Minuten erstarren lassen.

3 Die Trüffelmasse mit den Schneebesen des elektrischen Handrührgerätes aufschlagen. Die Masse in einen
Spritzbeutel (Sterntülle) füllen und
kleine Rosetten in die Aluminiumkapseln spritzen.

4 Für die Garnierung von der Schokolade mit einem scharfen Messer Spä-
ne abschneiden. Jede Praline sofort
mit Schokoladenspänen, Haselnusskrokant oder gerösteten Mandelblätt-
tchen garnieren. Die Vanilletrüffel
kühl aufbewahren.

VANILLETRÜFFEL MIT COGNAC

Für 35 Stück

TIPP

Beim Verzieren müssen Sie
schnell arbeiten, denn die
Garnierung fällt wieder ab,
sobald die Masse fest wird.

◗ **Arbeitszeit: ca. 30 Minuten
Kühlzeit: ca. 20 Minuten**

1. Die weiße Kuvertüre im Wasserbad unter Rühren schmelzen. Das Butterschmalz zugeben. Den gesiebten Puderzucker sowie das Kirschwasser unterrühren. Die Masse im Kühlschrank in 15 bis 20 Minuten erkalten lassen.
2. Die Pistazien halbieren. Von der Trüffelmasse mit zwei Teelöffeln kleine Nocken abstechen. Aus den Nocken walnussgroße Kugeln formen und diese in Puderzucker wälzen.
3. In jede Kugel 2 halbierte Pistazien stecken. Die Kirschtrüffel kühl aufbewahren.

SCHÖN VERPACKT

Pfiffig: Setzen Sie die Trüffel in weiße Pergamin-Pralinenkapseln, und verteilen Sie diese auf einem kleinen, durchsichtigen Tablett. Dazwischen den Inhalt einer Packung gehackter Pistazien streuen. Alles mit Klarsichtfolie umwickeln und seitlich wie ein Knallbonbon mit grünen Bändern zubinden.

100 g weiße Kuvertüre
100 g weiches Butterschmalz
100 g Puderzucker
3 EL Kirschwasser
Puderzucker zum Wälzen
ca. 40 geschälte Pistazien

WEISSE KIRSCHTRÜFFEL
MIT PISTAZIEN

Für etwa 20 Stück

◐ **Arbeitszeit: ca. 30 Minuten**
Kühlzeit: ca. 20 Minuten

VARIANTEN

Statt Kirschwasser können Sie auch Kirschwasser-back verwenden. Und statt der gehackten Pistazien sehen auch fertige Zuckerblümchen hübsch aus.

1. Die Rum-Rosinen auf einem Brett grob hacken, dabei die austretende Flüssigkeit auffangen. Die gehackten Rosinen zusammen mit der Flüssigkeit in eine Schüssel geben und zugedeckt beiseite stellen.
2. Die Borkenschokolade zerkleinern und in eine Schüssel geben. Den Puderzucker darüber sieben und mit der Schokolade mischen.
3. Das Butterschmalz bei schwacher Hitze zerlassen, etwas abkühlen lassen und löffelweise unter die Schokolade rühren. Sobald die Masse fest wird, die gehackten Rum-Rosinen unterkneten.
4. Von der Trüffelmasse mit zwei Teelöffeln Nocken abstechen und diese mit kühlen Händen zu Kugeln formen. Die Kugeln in den Schokostreuseln wälzen und kühl aufbewahren.

60 g Rum-Rosinen
100 g Zartbitter-Borkenschokolade
100 g Puderzucker
60 g Butterschmalz
100 g Schokoladenstreusel

RUMTRÜFFEL MIT ROSINEN

Für etwa 20 Stück

◑ Zubereitungszeit: ca. 25 Minuten

TIPP

Für selbst hergestellte Rum-Rosinen 60 Gramm Rosinen mit etwas kochendem Wasser übergießen und kurz quellen lassen. Das Wasser abgießen, die Rosinen trocknen, hacken und mit 3 Esslöffeln Rum (42 Vol.-%) mischen.

SCHÖN VERPACKT

Knalleffekt: Setzen Sie die Pralinen in bunte Pralinenkapseln. Stellen Sie 8 bis 10 Stück nebeneinander, und packen Sie diese in Klarsichtfolie wie ein Knallbonbon. Die Enden noch mit bunten Bändern verschnüren.

300 g weiße Kuvertüre
125 g Sahne
50 g Kokosfett
500 g Vollmilchkuvertüre
5 EL irischer Whiskey
2 Beutel Haselnusskrokant

1 Die weiße Kuvertüre grob zerkleinern. Die Sahne aufkochen und die Kuvertüre darin schmelzen. Kokosfett zufügen und alles mit den Schneebesen des elektrischen Handrührgerätes verrühren. Die Masse 30 Minuten kühl stellen.

2 Die Vollmilchkuvertüre im Wasserbad schmelzen, temperieren und etwas abkühlen lassen.

3 Die gekühlte weiße Kuvertüremasse mit den Schneebesen des elektrischen Handrührgerätes aufschlagen, den Whiskey unterrühren. Die Masse in einen Spritzbeutel (Lochtülle) geben und auf ein mit Backpapier ausgelegtes Backblech Häufchen spritzen. Diese 25 Minuten kühl stellen.

4 Die temperierte, abgekühlte Vollmilchkuvertüre gut umrühren und jeden Trüffel darin eintauchen. Die Trüffel auf ein Abtropfgitter setzen, 3 bis 4 Minuten anziehen lassen und mit Haselnusskrokant garnieren. Die Nusstrüffel kühl aufbewahren.

KNACKIGE NUSSTRÜFFEL
MIT WHISKEY

Für etwa 60 Stück

Arbeitszeit: ca. 35 Minuten
Kühlzeit: 55 Minuten

VARIANTE

Statt des Haselnusskrokants können Sie auch 250 Gramm grob gehackte Walnusskerne verwenden. Diese in einer beschichteten Pfanne goldgelb rösten, abkühlen und damit die Pralinen garnieren.

1. Für die Garnierung 2 Ananasstücke in feine Streifen schneiden und beiseite legen. Den Rest in sehr kleine Stücke schneiden und beiseite stellen.
2. Die weiße Kuvertüre zerkleinern. Die Sahne aufkochen. Die weiße Kuvertüre und das Butterschmalz unter Rühren darin schmelzen. Sobald die Masse fest zu werden beginnt, mit den Schneebesen des elektrischen Handrührgerätes kräftig aufschlagen.
3. Die gehackten Ananasstücke und den Weinbrand vorsichtig unterrühren.
4. Mit zwei Teelöffeln Nocken von der Masse abstechen, diese mit kühlen Händen zu Kugeln formen und auf einem grobmaschigen Abtropfgitter hin- und herrollen. So entsteht das typische Trüffelmuster.
5. Die Kugeln mit den vorbereiteten Ananasstreifen garnieren, diese eventuell etwas fest drücken. Das Konfekt kühl aufbewahren.

SCHÖN VERPACKT

Stecken Sie das Konfekt auf kleine Holzspieße und diese wiederum in eine Babyananas. Dekorieren Sie die Ananas auf mehreren Lagen leicht zerknülltem, gelbem Seidenpapier.

100 g kandierte Ananasstücke (ca. 10 Stück; aus der Konditorei oder Confiserie)
250 g weiße Kuvertüre
75 g Sahne
50 g Butterschmalz
2 EL Weinbrand

FRUCHTIGES ANANASKONFEKT
MIT WEINBRAND

Für etwa 50 Stück

◑ **Zubereitungszeit: ca. 30 Minuten**

TIPP

Statt kandierter Ananas können Sie auch andere kandierte Früchte, wie z. B. Kirschen, Aprikosen oder Orangen, verwenden.

1 Die Vollmilchkuvertüre grob zerkleinern. Die Sahne aufkochen und das Butterschmalz darin zerlassen.

2 Den Topf vom Herd nehmen. Die zerkleinerte Kuvertüre unter Rühren darin schmelzen. Das Kaffeepulver und den Puderzucker einrühren. Die Masse mit den Schneebesen des elektrischen Handrührgerätes aufschlagen.

3 Die Trüffelmasse abkühlen lassen und in einen Spritzbeutel (Sterntülle) geben. Damit Häufchen in die Aluminiumspitztüten spritzen.

4 Die Trüffel jeweils mit Gebäckschmuck, Dekor-Konfetti oder Gold- & Silberperlen garnieren. Die Sahnetrüffel kühl aufbewahren.

200 g Vollmilchkuvertüre
125 g Sahne
25 g Butterschmalz
1 TL Instant-Kaffeepulver
3 EL Puderzucker
25 Aluminiumspitztüten
1 Pck. Gebäckschmuck,
Dekor-Konfetti oder
Gold- & Silberperlen

FEINE SAHNETRÜFFEL

Für 25 Stück

TIPP
Stecken Sie die Aluminiumspitztüten zum Füllen in einen größeren Block aus Styropor (aus dem Baumarkt), dann haben Sie beide Hände zum Arbeiten frei.

◑ **Zubereitungszeit: ca. 25 Minuten**

1 Die getrockneten Aprikosen mit einem scharfen Messer sehr fein würfeln. Den Zucker und die Orangenkonfitüre dazugeben und alles gut verrühren.

2 Die Marzipanrohmasse mit dem Puderzucker verkneten und zwischen zwei Lagen Frischhaltefolie 2 mm dick zu einem Rechteck von 40 × 10 cm Größe ausrollen.

3 Die Aprikosenmasse zu einer dicken Rolle in der Länge des Rechtecks formen und in die Marzipanplatte einrollen. Dabei die Masse etwas fest drücken.

4 Die Rolle mit einem scharfen Messer in etwa 1 cm dicke Taler schneiden. Die Aprikosentaler kühl aufbewahren.

500 g getrocknete Aprikosen
150 g Zucker
1 EL Orangenkonfitüre
250 g Marzipanrohmasse
1 EL Puderzucker

APRIKOSENTALER
MIT MARZIPAN

Für etwa 40 Stück

TIPP
In Frischhaltefolie eingewickelt können Sie die Rolle am Stück im Kühlschrank etwa 3 Wochen aufbewahren. So können Sie je nach Bedarf für »Nachschub« sorgen.

◑ **Zubereitungszeit: ca. 30 Minuten**

SCHÖN VERPACKT

Verschenken Sie die Pralinen in einer mit passendem Seidenpapier ausgelegten roten Geschenkschachtel, die Sie mit vergoldeten ganzen Walnüssen dekorieren.

200 g Marzipanrohmasse
75 g Puderzucker
80 g gemahlene Mandeln oder Haselnüsse
1 TL Orangenlikör
200 g Halbbitter- oder Vollmilchkuvertüre
ca. 40 Walnusshälften, natur oder kandiert

1 Die Marzipanrohmasse mit Puderzucker, gemahlenen Mandeln oder Haselnüssen und Orangenlikör verkneten. Die Masse zwischen zwei Lagen Frischhaltefolie zu einer 5 bis 6 mm dicken Platte ausrollen.

2 Die Kuvertüre im Wasserbad schmelzen, temperieren und abkühlen lassen.

3 Von der Kuvertüre 2 Esslöffel abnehmen und damit die Marzipanoberfläche bestreichen. Leicht anziehen lassen. Die Marzipanplatte umdrehen und mit einem langen Messer in etwa 40 Rauten oder Vierecke schneiden.

4 Die restliche Kuvertüre umrühren, eventuell erneut temperieren und abkühlen lassen. Das Marzipan in die Kuvertüre tauchen, herausnehmen und auf ein Abtropfgitter setzen.

5 Jeweils 1 Walnusshälfte auf 1 Marzipanpraline setzen. Die Pralinen kühl aufbewahren.

MARZIPANPRALINEN
MIT WALNÜSSEN

Für etwa 40 Stück

TIPP

Ganz schnell geht's, wenn Sie die Marzipanplatte nur mit der Kuvertüre bestreichen, in Stücke schneiden und mit den Walnusshälften garnieren.

◐ Zubereitungszeit: ca. 30 Minuten

1 Die Halbbitterkuvertüre grob zerkleinern, im Wasserbad unter Rühren schmelzen und leicht abkühlen lassen. Das Kaffeepulver, Rum-back sowie die lauwarme Milch verrühren.

2 Die Butter schaumig rühren. Die Kaffee-Milch-Mischung und den Puderzucker unter die Butter mengen. Zuerst die flüssige Schokoladenkuvertüre, dann die gehackten Haselnüsse unterrühren.

3 Die Masse in eine rechteckige flache Form (z. B. eine Frischhaltedose) füllen, glatt streichen und für 1 Stunde kühl stellen. Die erkaltete Masse auf ein Schneidebrett stürzen und in etwa 20 Würfel schneiden. Die Mokkawürfel kühl aufbewahren.

150 g Halbbitterkuvertüre
1 TL Instant-Kaffeepulver
1 Beutel Rum-back
1 EL lauwarme Milch
50 g weiche Butter
50 g Puderzucker
100 g gehackte Haselnüsse

MOKKAWÜRFEL
MIT HASELNÜSSEN

Für etwa 20 Stück

🕐 **Arbeitszeit: ca. 20 Minuten**
Kühlzeit: 1 Stunde

SCHÖN VERPACKT

Eine originelle Dekoration erhalten Sie, wenn Sie die Mokkawürfel in weiße Pralinenkapseln setzen und diese auf einem großen, grünen Blatt aus dem Blumenladen befestigen.

1 Die Haselnüsse unter ständigem Rühren in einer Pfanne ohne Zugabe von Fett rösten. Aus der Pfanne nehmen und die braune Haut mit einem sauberen Geschirrtuch von den Nüssen abreiben.

2 Die Nougatmasse im Wasserbad schmelzen, temperieren und abkühlen lassen. Die Masse in einen Spritzbeutel (kleine Lochtülle) geben. Etwa 1,5 bis 2 cm lange Katzenzungen (längliche Ovale) auf ein mit Backpapier ausgelegtes Backblech spritzen.

3 Auf jede Katzenzunge 2 Haselnüsse mit der Spitze nach oben setzen. Die Pralinen auf ein Abtropfgitter setzen und im Kühlschrank 10 Minuten fest werden lassen.

4 Inzwischen die Vollmilchkuvertüre im Wasserbad schmelzen, temperieren und leicht abkühlen lassen. Die Pralinen damit überziehen.

5 Die Halbbitterkuvertüre ebenfalls im Wasserbad schmelzen und leicht abkühlen lassen. Die Kuvertüre in

60 kleine Haselnüsse
(ca. 70 g)
200 g Nussnougat
150 g Vollmilchkuvertüre
50 g Halbbitterkuvertüre

DOPPELNUSSPRALINEN
MIT NOUGAT

Für 30 Stück

🌓 **Zubereitungszeit: ca. 35 Minuten**

TIPP

Sollten Sie keine kleinen Haselnüsse bekommen, halbieren Sie große vorsichtig mit einem scharfen Messer.

eine Spritztüte füllen und damit die Pralinen im Streifenmuster garnieren. Die Pralinen kühl aufbewahren.

1 Sahne, Kaffeepulver und Butter-schmalz erhitzen. Die Vollmilchkuver-türe zufügen und unter Rühren darin schmelzen. Die Masse abkühlen las-sen, im Kühlschrank in 10 Minuten halbfest werden lassen.

2 Die Kuvertüremasse schaumig auf-schlagen und zwischen zwei Lagen Frischhaltefolie zu einer etwa 5 mm dicken Platte ausrollen. Die Platte für 20 Minuten kühl stellen.

3 Inzwischen Marzipanrohmasse und Puderzucker verkneten und zu der doppelten Größe der Kuvertüreplatte ausrollen. Die Marzipanplatte durch-schneiden.

4 Von der gekühlten Kuvertüreplatte die Folie abziehen. Diese Platte auf eine Marzipanplatte stürzen. Die zweite Folie abziehen und die zweite Marzipanplatte darauf legen. Mit einem Brett leicht andrücken. 20 Mi-nuten kühl stellen.

5 Die Platte in kleine Quadrate von 2,5 × 2,5 cm Größe schneiden. Die

75 g Sahne
10 g Instant-Kaffeepulver
15 g Butterschmalz
150 g Vollmilchkuvertüre
200 g Marzipanrohmasse
50 g Puderzucker
Instant-Kaffeepulver zum
Bestäuben

KAFFEEPRALINEN
MIT MARZIPAN

Für etwa 30 Stück

Arbeitszeit: ca. 40 Minuten
Kühlzeit: 50 Minuten

SCHÖN VERPACKT

Geben Sie die Pralinen in Prali-nenkapseln, und schichten Sie diese in eine weite, weiße Kaffee-tasse. Das Präsent großzügig in Zellophan hüllen und mit farbigen Bändern verschließen.

Pralinen auf der Oberseite mit Instant-Kaffeepulver bestäuben und kühl auf-bewahren.

1 Die Vollmilchkuvertüre und das Nussnougat grob zerkleinern. Sahne, Nougat und Butter aufkochen, die Kuvertüre zufügen und darin schmelzen.
Die Masse 25 Minuten kühl stellen.

2 Die Masse mit den Schneebesen des
elektrischen Handrührgerätes aufschlagen. Mit zwei Teelöffeln kleine
Nocken abstechen und daraus mit
kalten Händen Kugeln formen.

3 Einen Teil der Kugeln in Sesamsamen,
die anderen Kugeln in Sonnenblumen-
kernen wälzen. Die Trüffel kühl aufbewahren.

SCHÖN VERPACKT

So kommen die Trüffel besonders gut zur Geltung: Setzen Sie
sie in bunte Pralinenkapseln und
ordnen Sie diese in einem mit
changierender Folie ausgeschla-
genen Karton an. Umwickeln Sie
das Ganze mit bunt schillerndem
Geschenkband.

SCHOKO-SAHNE-TRÜFFEL
MIT SESAM

Für etwa 30 Stück

🌓 **Arbeitszeit: ca. 40 Minuten**
Kühlzeit: 25 Minuten

250 g Vollmilchkuvertüre
50 g Nussnougat
100 g Sahne
60 g Butter
50 g geschälte Sesamsamen
50 g gehackte
Sonnenblumenkerne

ZART
UMHÜLLT

PRALINEN MIT
INNENLEBEN

1 Die Ingwerknollen abtropfen lassen, 1 Knolle zum Garnieren beiseite legen. Die restlichen Knollen fein schneiden und unter die Ingwerkonfitüre mischen. Über Nacht offen stehen lassen. Am nächsten Tag den Wodka einrühren.

2 Die Ingwermasse in einen Spritzbeutel (Lochtülle) geben und die Halbschalen (in der Palette) bis knapp unter den Rand damit füllen. 10 Minuten ruhen lassen.

3 Die Vollmilchkuvertüre im Wasserbad schmelzen, temperieren und abkühlen lassen. Die Kuvertüre in eine Spritztüte füllen und damit die Halbschalen verschließen. Die Schokolade 3 bis 4 Minuten anziehen lassen.

4 Die beiseite gelegte Ingwerknolle in dünne Scheiben oder kleine Stücke schneiden und diese auf die Pralinen setzen. Die Pralinen kühl aufbewahren.

4 Ingwerknollen, in Sirup eingelegt (ca. 50 g)
225 g Ingwerkonfitüre
2 cl Wodka
1 Palette (56 Stück) ovale Schokoladen-Halbschalen aus Vollmilchkuvertüre
150 g Vollmilchkuvertüre

38

INGWERPRALINEN MIT WODKA

Für 56 Stück

INFO

Das offene Stehenlassen der Ingwermasse bewirkt, dass sie etwas Flüssigkeit verliert und somit fester wird.

◑ **Arbeitszeit: ca. 25 Minuten**
Ruhezeit: über Nacht
und 10 Minuten

1 Sahne, Butter und Vanillemark aufkochen. Das Nussnougat klein schneiden, in der Flüssigkeit schmelzen und abkühlen lassen.

2 Die Pralinenmasse in ein kleines Kännchen geben und die Halbschalen (in der Palette) bis knapp unter den Rand damit füllen. Etwa 15 Minuten kalt stellen.

3 Die Kuchenglasur im Beutel in einem Wasserbad schmelzen. Die Packung öffnen und mit der Glasur die Halbschalen verschließen, 3 bis 4 Minuten anziehen lassen.

4 Inzwischen die weiße Kuvertüre im Wasserbad schmelzen, temperieren, abkühlen lassen und in eine Spritztüte füllen. Die Oberseite der Pralinen mit einigen dünnen Schokoladenstrichen garnieren. Die Pralinen kühl aufbewahren.

150 g Sahne
60 g Butter
Mark von einer
1/2 Vanilleschote
200 g Nussnougat
1 Palette (56 Stück) runde
Schokoladen-Halbschalen
aus Halbbitterkuvertüre
200 g Kuchenglasur
(Haselnuss)
100 g weiße Kuvertüre

NUSSNOUGATPRALINEN

Für 56 Stück

◗ **Arbeitszeit: ca. 25 Minuten**
   Kühlzeit: ca. 15 Minuten

SCHÖN VERPACKT

Setzen Sie die Pralinen in bunte Pralinenkapseln und diese in eine Klarsichtschachtel, die Sie mit dünnen braunen und weißen Bändern verschnüren. Als Dekoration dient eine Vanillestange im Glasröhrchen.

250 g Mascarpone
80 ml Crème de Cassis
(schwarzer Johannis-
beerlikör)
1 Beutel Citro-back oder
abgeriebene Schale von
2 unbehandelten Zitronen
1 Palette (56 Stück) runde
Schokoladen-Halbschalen
aus weißer Kuvertüre
150 g weiße Kuvertüre
100 g Vollmilchkuvertüre
einige kandierte
Rosenblätter und Veilchen
zum Garnieren (aus der
Confiserie)

1 Mascarpone, Crème de Cassis und Citro-back oder abgeriebene Zitronenschale verrühren. Die Masse in einen Spritzbeutel (kleine Lochtülle) geben und die Halbschalen (in der Palette) bis knapp unter den Rand damit füllen. 15 Minuten kühl stellen.

2 Die weiße Kuvertüre im Wasserbad schmelzen, temperieren, abkühlen lassen und in eine Spritztüte füllen. Die Halbschalen damit verschließen. 15 Minuten kühl stellen.

3 Die Halbschalen aus der Folienverpackung nehmen und umdrehen.

4 Die Vollmilchkuvertüre im Wasserbad schmelzen, temperieren, abkühlen lassen und in eine Spritztüte füllen. Die Pralinen mit dünnen Streifen garnieren.

5 Die Rosenblätter und die Veilchen in kleine Stücke brechen und auf die Kuvertüre kleben. Die Pralinen kühl aufbewahren.

CASSISPRALINEN
MIT MASCARPONE

Für 56 Stück

VARIANTE

Bereiten Sie die Pralinen statt mit Cassis mit Crème de Menthe zu, das verleiht ihnen eine leichte Pfefferminzfrische. Als Garnierung sehen dann grüne Zuckerperlen sehr schön aus.

◑ **Arbeitszeit: ca. 25 Minuten**
Kühlzeit: 30 Minuten

1. Von den Pistazien 1 Esslöffel für die Garnierung beiseite stellen. Die restlichen Pistazien noch feiner hacken. Marzipanrohmasse, Puderzucker, Orangenlikör und fein gehackte Pistazien verrühren.

2. Die Marzipanmasse in einen Spritzbeutel (große Lochtülle) füllen und die Hohlkugeln (in der Palette) bis unter den Rand damit füllen.

3. Die Vollmilchkuvertüre zerkleinern, im Wasserbad schmelzen, temperieren und abkühlen lassen. Von der Kuvertüre 4 Esslöffel in eine Spritztüte füllen und damit die Hohlkugeln verschließen.

4. Die restliche Kuvertüre gut umrühren, die Kugeln einzeln in die Kuvertüre tauchen, abtropfen lassen, auf ein Abtropfgitter setzen und die Schokolade 2 bis 3 Minuten anziehen lassen. Die Pralinen sofort mit den beiseite gelegten Pistazien garnieren und kühl aufbewahren.

75 g gehackte Pistazien
200 g Marzipanrohmasse
100 g Puderzucker
150 ml Orangenlikör
(z. B. Cointreau oder Grand Marnier)
1 Palette (63 Stück)
Pralinen-Hohlkugeln aus Vollmilchkuvertüre
200 g Vollmilchkuvertüre

ORANGENPRALINEN
MIT PISTAZIEN

Für 63 Stück

◐ Zubereitungszeit: ca. 25 Minuten

VARIANTE

Sie können die Pralinen auch mit gehackten Mandeln, Hasel- oder Walnüssen garnieren. Ein buntes Geschmacksbild erhalten Sie, wenn Sie von allem etwas verwenden.

1. Die Hälfte der Halbbitterkuvertüre im Wasserbad schmelzen.
2. Sahne, Espressopulver, Butter, Butterschmalz und Kaffeelikör einrühren. Die Masse abkühlen lassen.
3. Die Cappuccinomasse in ein kleines Kännchen geben. Die Hohlkugeln (in der Palette) bis knapp unter den Rand mit der Masse füllen.
4. Die restliche Halbbitterkuvertüre zerkleinern und im Wasserbad schmelzen, temperieren und abkühlen lassen. Etwa 2 Esslöffel Halbbitterkuvertüre abnehmen, in eine Spritztüte geben und die Kugeln damit verschließen. Die Kuvertüre fest werden lassen.
5. Die restliche Kuvertüre gut umrühren, die Kugeln darin eintauchen, abtropfen lassen und 3 bis 4 Minuten anziehen lassen. Die Schokolade sollte noch zähflüssig, aber schon fest sein.
6. Zum Wälzen Kakao und Kaffeepulver mischen und nacheinander je 2 bis

400 g Halbbitterkuvertüre
100 g Sahne
8 TL Espressopulver
125 g Butter
40 g Butterschmalz
2 EL Kaffeelikör
1 Palette (63 Stück) Pralinen-Hohlkugeln aus Halbbitterkuvertüre
4 EL Kakao, schwach entölt
2 EL Instant-Kaffeepulver

44

CAPPUCCINOPRALINEN
MIT LIKÖR

Für 63 Stück

◑ **Zubereitungszeit: ca. 30 Minuten**

TIPP
Sie können auch nur einen Teil der Pralinen in der Kakao-Kaffee-Mischung wälzen.

3 Kugeln darin mit kreisenden Bewegungen wälzen. Die Kugeln auf eine mit Backpapier ausgelegte Fläche setzen und kühl aufbewahren.

SCHÖN VERPACKT

Edel wirken die Pralinen, wenn sie in einem blauen Karton auf Mandelblättchen gebettet werden. Das Ganze mit einer orangefarbenen Schleife zubinden.

50 g Mandelblättchen
250 g Orangenkonfitüre
2 EL Orangenlikör
abgeriebene Schale von
1 unbehandelten Orange
oder 1 Beutel Orange-back
1 Palette (56 Stück) Karree-Halbschalen aus Vollmilch-kuvertüre
150 g Kuchenglasur (Vollmilch)
1/2 Pck. Orangeat

1 Die Mandelblättchen nicht ganz fein hacken und mit Orangenkonfitüre, -likör und -schale verrühren.

2 Die Orangen-Mandel-Masse in einen Spritzbeutel (große Lochtülle) geben und die Halbschalen (in der Palette) bis knapp unter den Rand damit füllen. Die Masse mit einem spitzen Messer verteilen. 15 Minuten kühl stellen.

3 Die Kuchenglasur im Beutel in einem Wasserbad schmelzen lassen. Die Packung öffnen und mit der Glasur die Halbschalen verschließen. Die Glasur anziehen lassen.

4 Jede Praline mit 1 oder 2 Stücken Orangeat garnieren. Die Pralinen kühl aufbewahren.

ORANGENPRALINEN
MIT MANDELN

Für 56 Stück

◑ **Arbeitszeit: ca. 25 Minuten**
Kühlzeit: 15 Minuten

VARIANTE

Probieren Sie statt der Orangen-konfitüre beliebige andere Konfitüren oder Marmeladen, wählen Sie aber immer den entsprechenden Alkohol dazu.

1 Die weiche Butter und das Kokosfett in Flöckchen schneiden und mit Puderzucker sowie Kaffeepulver mit den Schneebesen des elektrischen Handrührgerätes cremig rühren.

2 Die Vollmilchkuvertüre zerkleinern, im Wasserbad schmelzen, temperieren und abkühlen lassen. Die Buttermasse und den Cognac unter die Kuvertüre rühren. Etwa 2 Esslöffel davon beiseite stellen.

3 Die Pralinenmasse in einen Spritzbeutel (Lochtülle) geben, die Halbschalen (in der Palette) bis unter den Rand damit füllen und glatt streichen. 15 Minuten kühl stellen.

4 Die Halbbitterkuvertüre im Wasserbad schmelzen, temperieren und abkühlen lassen. Die Halbschalen mit der Kuvertüre verschließen und 3 bis 4 Minuten anziehen lassen.

5 Inzwischen die beiseite gestellte Kuvertüre erneut im Wasserbad schmelzen, temperieren und abkühlen lassen. Auf jede Praline 1 kleinen

100 g weiche Butter
30 g weiches Kokosfett
50 g Puderzucker
2 TL Instant-Kaffeepulver
150 g Vollmilchkuvertüre
4 EL Cognac
1 Palette (56 Stück) Dreieck-Halbschalen aus Halbbitterkuvertüre
150 g Halbbitterkuvertüre
1 Pck. Mokkabohnen, zartbitter

COGNACPRALINEN
MIT KAFFEE

Für 56 Stück

◑ **Arbeitszeit: ca. 30 Minuten**
Kühlzeit: 15 Minuten

Tupfen setzen und jeweils 1 Mokkabohne darauf setzen. Die Pralinen kühl aufbewahren.

SCHÖN VERPACKT
Schichten Sie die Cognacpralinen in eine dekorative Kaffeedose aus Metall, und geben Sie einige Mokkabohnen aus Schokolade dazu.

125 g Joghurt
125 Crème fraîche
1 frisches Eigelb
(Ei Gew.-Kl. M)
1 Röhrchen Vanillearoma
50 g Puderzucker
abgeriebene Schale von
2 unbehandelten Orangen
oder 1 Doppelbeutel
Orange-back
1 Palette (56 Stück)
Pralinenstern-Halbschalen
aus weißer Kuvertüre
100 g Kuchenglasur
(Zitrone)
50 g Kuchenglasur
(Vollmilch)

1 Joghurt, Crème fraîche, Eigelb, Vanille-aroma, Puderzucker und abgeriebene Orangenschale verrühren.

2 Die Masse in ein kleines Kännchen gießen und die Halbschalen (in der Palette) bis knapp unter den Rand mit der Joghurtmasse füllen. 15 Minuten kühl stellen.

3 Die Zitronenkuchenglasur im Beutel in einem Wasserbad schmelzen. Die Packung öffnen, mit der Glasur die Halbschalen verschließen und 3 bis 4 Minuten anziehen lassen.

4 Zum Garnieren die Vollmilchkuchenglasur im Beutel in einem Wasserbad schmelzen. Die Packung öffnen, die Glasur in eine Spritztüte füllen und die Pralinen mit beliebigen Motiven wie Streifen oder Punkten garnieren. Die Pralinen kühl aufbewahren.

JOGHURT-PRALINENSTERNE

Für 56 Stück

TIPPS

Die Pralinen sollten innerhalb von 3 Tagen aufgegessen werden, weil die Joghurtmasse leicht verderblich ist. Kaufen Sie für dieses Rezept unbedingt frische Eier der Güteklasse »Extra«.

Arbeitszeit: ca. 25 Minuten
Kühlzeit: 15 Minuten

1. Die Sauerkirschkonfitüre zusammen mit dem Schokoladensirup unter Rühren bei starker Hitze aufkochen und völlig abkühlen lassen. Das Kirschwasser einrühren.
2. Die Masse in einen Spritzbeutel (große Lochtülle) geben, die Halbschalen (in der Palette) bis knapp unter den Rand damit füllen und etwas glatt streichen. 15 Minuten kalt stellen.
3. Die Belegkirschen in kleine Stücke schneiden und beiseite legen.
4. Die Kuchenglasur im Beutel in einem Wasserbad schmelzen. Die Packung öffnen und mit der Glasur die Halbschalen verschließen. Die Schokolade 3 bis 4 Minuten anziehen lassen.
5. Die Oberseite der Pralinen mit den Belegkirschen garnieren und kühl aufbewahren.

350 g Sauerkirschkonfitüre
200 ml Schokoladensirup
100 ml Kirschwasser
1 Palette (56 Stück) Herz-Halbschalen aus Halbbitter-kuvertüre
1/2 Pck. Belegkirschen
100 g Kuchenglasur (Halbbitter)

MON-CHERRY-PRALINEN
MIT KIRSCHWASSER

Für 56 Stück

SCHÖN VERPACKT

Farbenfroh wirken die Pralinen in weißen Pralinenkapseln. Diese in eine mit hellbraunem Seidenpapier ausgelegte rote Schachtel setzen und den Deckel mit künstlichen Kirschen bekleben.

Arbeitszeit: ca. 30 Minuten
Kühlzeit: 15 Minuten

1 Die Fondantmasse im Wasserbad
   handwarm erwärmen und mit dem
   Alkohol verrühren. Die kandierten
   Kirschen klein schneiden und in die
   Halbschalen verteilen.
2 Die Fondantmasse in ein kleines Kännchen gießen und die Halbschalen
   (in der Palette) damit bis knapp unter
   den Rand füllen. 15 Minuten kühl
   stellen.
3 Die Halbbitter- oder Vollmilchkuvertüre im Wasserbad schmelzen, temperieren und abkühlen lassen. Etwa
   3 Esslöffel Kuvertüre beiseite stellen.
4 Die restliche Kuvertüre in eine Spritztüte geben und die Pralinen damit
   verschließen. Die Schokolade 3 bis
   4 Minuten anziehen lassen.
5 Die blumige Garnierung mit je 1 Tupfen der beiseite gestellten Kuvertüre
   auf den Pralinen befestigen. Die Pralinen kühl aufbewahren.

250 g Fondant
(vom Konditor)
70 ml Kirschwasser, Birnen-
oder Pflaumengeist
10 g kandierte Kirschen
1 Palette (56 Stück) Herz-
oder Halbmond-Halbschalen
aus Vollmilch-, Halbbitter-
oder weißer Kuvertüre
150 g Halbbitter- oder
Vollmilchkuvertüre
kandierte Veilchen,
Rosenblätter, Mimosen
zum Garnieren (aus der
Confiserie)

GEISTVOLLE PRALINEN

Für 56 Stück

◑ **Arbeitszeit: ca. 30 Minuten**
   Kühlzeit: 15 Minuten

SCHÖN VERPACKT

Sehr edel sieht es aus, wenn Sie
die Pralinen in weiße Pralinenkapseln oder einzeln in Klarsichtfolie gewickelt in eine flache
Glasschüssel auf Rosenblätter
betten.

SÜSSE LEICHTGEWICHTE

PRALINEN FÜR KALORIENZÄHLER

1. 100 Gramm von den gehackten Pistazien mit dem Schneidstab des elektrischen Handrührgerätes noch feiner zerkleinern. Mit Mandeln, Eiweiß, Orangenlikör und Fruchtzucker verrühren.
2. Die Masse zu einem Kloß formen. Diesen auf einer mit den gemahlenen Mandeln bestreuten Arbeitsfläche etwa 1,2 cm dick ausrollen. Mit einem Ausstecher (rund oder oval) kleine Formen ausstechen.
3. Für die Glasur das Kokosfett erwärmen, den Kakao und den Süßstoff zufügen und alles verrühren. Die ausgestochenen Formen mit der Glasur bestreichen.
4. Das Konfekt mit den restlichen Pistazien garnieren und kühl aufbewahren.

125 g gehackte Pistazien
100 g gemahlene Mandeln
1 Eiweiß (Ei Gew.-Kl. M)
1 EL Orangenlikör
4 EL Fruchtzucker
5 g gemahlene Mandeln
15 g Kokosfett
5 g Kakao, stark entölt
1 TL flüssiger Süßstoff

54

PISTAZIENKONFEKT
MIT ORANGENLIKÖR

Für etwa 30 Stück

◑ Zubereitungszeit: ca. 30 Minuten

Pro Stück: ca. 52 kcal / 217 kJ / 0,2 BE

TIPP

Lassen Sie Ihrer Fantasie beim Ausstechen freien Lauf. In Haushaltswarengeschäften erhalten Sie kleine Ausstecher aus Metall in verschiedenen Formen und Größen.

1 Die Rum-Rosinen klein schneiden,
   dabei die austretende Flüssigkeit auffangen. Zerkleinerte Rosinen mit der
   Flüssigkeit in eine Schüssel geben.
   Mandeln, Kakao, Fruchtzucker und
   1 Eiweiß zugeben.
2 Alles mit den Knethaken des elektrischen Handrührgerätes verrühren.
   Aus der Rosinenmasse etwa 20 gleich
   große Kugeln formen.
3 Die Kugeln mit dem zweiten Eiweiß
   bestreichen und in den gehackten Pistazien wälzen. Die Pralinen kühl aufbewahren.

SCHÖN VERPACKT

Besonders dekorativ wirken die
grünen Rumkugeln in blauen
Pralinenkapseln, die Sie in eine
durchsichtige Schachtel setzen.
Schreiben Sie das Rezept hand-
schriftlich auf ein grünes Blatt
Papier und befestigen es zusam-
mengerollt an der Schachtel.

40 g Rum-Rosinen
150 g gemahlene Mandeln
15 g Kakao, stark entölt
4–5 EL Fruchtzucker
2 Eiweiße (Eier Gew.-Kl. S)
50 g gehackte Pistazien

RUMKUGELN MIT PISTAZIEN

Für etwa 20 Stück

◑ **Zubereitungszeit: ca. 30 Minuten**

Pro Stück: ca. 73 kcal / 305 kJ / 0,3 BE

TIPP

Die Pralinen sollten stets frisch
hergestellt und bald vernascht
werden. Sie sind nur etwa 4 Tage
haltbar.

TIPP

Hübsch sieht es aus, wenn Sie das Schwarz-weiß-Konfekt mit einem Hauch Puderzucker bestäuben.

285 g gemahlene Mandeln
2 Eiweiße (Eier Gew.-Kl. M)
8 EL Fruchtzucker
1 TL Orange-back
25 g Kakao, stark entölt
1 TL Rum-back

VARIANTE

Für die helle Konfektmasse können Sie statt der Mandeln auch die gleiche Menge fein gehackte Pistazien verwenden.

1 Für die helle Konfektmasse 150 Gramm gemahlene Mandeln, 1 Eiweiß, 4 Esslöffel Fruchtzucker und Orange-back in eine Schüssel geben und mit den Schneebesen des elektrischen Handrührgerätes vermengen. Die Masse zu einem Kloß formen und mit Frischhaltefolie zugedeckt beiseite stellen.

2 Für die dunkle Konfektmasse 125 Gramm gemahlene Mandeln, Kakao, restliches Eiweiß, übrigen Fruchtzucker und Rum-back in eine Schüssel geben und verrühren. Die dunkle Masse ebenfalls zu einem Kloß formen.

3 Restliche gemahlene Mandeln auf die Arbeitsfläche streuen. Die beiden Kugeln darauf jeweils zu einem 4 mm dicken Rechteck ausrollen.

4 Die Rechtecke aufeinander legen und leicht andrücken. Der Länge nach in Streifen schneiden. Je 3 Streifen aufeinander setzen und fest drücken. Diese in Rhomben von 3 cm Länge schneiden. Das Konfekt kühl aufbewahren.

SCHWARZ-WEISS-KONFEKT

Für etwa 40 Stück

◐ **Zubereitungszeit: ca. 30 Minuten**

Pro Stück: ca. 51 kcal / 214 kJ / 0,25 BE

1 Kokosflocken, 3 Eiweiße, Citro-back, Fruchtzucker und 20 Gramm Mehl mit den Knethaken des elektrischen Handrührgerätes verrühren.

2 Die Kokosmasse in einen Topf geben und bei schwacher Hitze verrühren. Den Topf wieder vom Herd nehmen. Zuerst das vierte Eiweiß, dann das restliche Mehl unterrühren.

3 Die Kokosmasse in vier Teile teilen. Einen Teil weiß lassen. Die anderen Teile mit je 1 Tropfen Lebensmittel-farbe rot, gelb und grün färben.

4 Mit zwei Teelöffeln von den Konfekt-massen kleine Häufchen auf ein mit Backpapier ausgelegtes Backblech setzen.

5 Das Konfekt im vorgeheizten Back-ofen bei 75 °C (Gas Stufe 1) etwa 20 Minuten leicht trocknen lassen oder über Nacht bei Raumtemperatur stehen lassen.

200 g Kokosflocken
4 Eiweiße (Eier Gew.-Kl. M)
1 TL Citro-back
4 EL Fruchtzucker
25 g Mehl
je 1 Tropfen grüne, rote und gelbe Lebensmittelfarbe

KUNTERBUNTES KOKOSKONFEKT

Für etwa 30 Stück

VARIANTE

Sehr gut schmeckt das Kokos-konfekt auch, wenn Sie statt des Citro-backs Orange-back ver-wenden.

**Arbeitszeit: ca. 20 Minuten
Zeit zum Trocknen: ca. 20 Minuten
oder über Nacht**

Pro Stück: ca. 51 kcal / 214 kJ / 0,25 BE

SCHÖN VERPACKT

Setzen Sie die Trüffel in ein großes Rotweinglas, das Sie mit Einmachfolie verschließen. An dem Stiel wird ein rotes Band und ein Kirschenpärchen befestigt.

125 g getrocknete weiße Bohnen
3 EL Kakao, stark entölt
50 ml Kirschwasser
24 Pralinenkapseln

1 Die weißen Bohnen mit reichlich Wasser bedeckt über Nacht einweichen und quellen lassen.

2 Am nächsten Tag das Wasser abgießen. Die Bohnen erneut mit Wasser bedecken und bei mittlerer Hitze zugedeckt 20 Minuten garen.

3 Das Wasser abgießen, die Bohnen gut abtropfen lassen und mit dem Schneidstab des elektrischen Handrührgerätes pürieren. Die Masse ergibt etwa 250 Gramm.

4 1 Esslöffel Kakao und das Kirschwasser zu den Bohnen geben und alles mit den Schneebesen des elektrischen Handrührgerätes verrühren. Die Masse nochmals abschmecken.

5 Aus der Masse kleine Kugeln formen oder die Masse in einen Spritzbeutel (breite Loch- oder Sterntülle) geben und kleine Häufchen in die Pralinenkapseln spritzen. Kugeln im restlichen Kakao wälzen und in die Pralinenkapseln setzen, gespritzte Trüffel mit Kakao bestäuben.

SCHOKOLADENTRÜFFEL
MIT KIRSCHWASSER

Für 24 Stück

TIPP

Statt mit Kirschwasser schmecken die Trüffel auch mit Birnengeist himmlisch.

Arbeitszeit: ca. 40 Minuten
Quellzeit: über Nacht

Pro Stück: ca. 22 kcal / 91 kJ / 0,25 BE

1 2 Teelöffel Diabetikerzucker beiseite stellen. Die Marzipanrohmasse und den restlichen Zucker, das Kaffeepulver und den Weinbrand mit den Schneebesen des elektrischen Handrührgerätes verrühren.

2 Aus der Marzipanmasse kleine kartoffelähnliche Kugeln formen. Den Kakao und den beiseite gestellten Diabetikerzucker in einer Schüssel mischen. Die Kugeln darin wälzen.

180 g Diabetikerzucker
(z. B. Sionon)
200 g Marzipanrohmasse
1 TL Instant-Kaffeepulver
2 EL Weinbrand
2 EL Kakao, stark entölt

MARZIPANKARTOFFELN
MIT WEINBRAND

Für etwa 35 Stück

🌓 **Zubereitungszeit: ca. 25 Minuten**

Pro Stück: ca. 44 kcal / 182 kJ / 0,5 BE

SCHÖN VERPACKT

Füllen Sie die Marzipankartoffeln in eine Klarsichttüte. Stecken Sie diese in einen kleinen Sack aus Rupfen (erhältlich in Bastelläden), und beschriften Sie den Sack mit einem Schild »Neue Ernte«.

VARIANTE

Sehr fein schmeckt dieses Konfekt auch, wenn Sie Pinienkerne anstelle der Mandelstifte nehmen. Sie benötigen dann aber nur 80 Gramm.

25 g weiches Kokosfett
10 g weiches Butterschmalz
15 g Kakao, stark entölt
1 TL flüssiger Süßstoff
100 g gesplitterte Mandeln

1 Das Kokosfett zusammen mit dem Butterschmalz bei schwacher Hitze auflösen. Den Kakao in das Kokosfett sieben und verrühren. Den Süßstoff unterrühren.
2 Die gesplitterten Mandeln zugeben und mit einem Kochlöffel vorsichtig unter die Masse heben.
3 Mit zwei Teelöffeln von der Masse kleine Häufchen abstechen. Diese auf ein mit Backpapier ausgelegtes Backblech setzen und erstarren lassen.

BITTERES MANDELKONFEKT

Für etwa 16 Stück

TIPP

Wenn Sie keinen flüssigen Süßstoff mögen, verwenden Sie für dieses Rezept 3 Esslöffel Fruchtzucker.

◑ **Zubereitungszeit: ca. 25 Minuten**

Pro Stück: ca. 57 kcal / 239 kJ / 0,06 BE

IMPRESSUM

Die Deutsche Bibliothek –
CIP-Einheitsaufnahme
Ein Titeldatensatz für diese Publikation ist bei
Der Deutschen Bibliothek erhältlich.

Augustus Verlag München 2000
© Weltbild Ratgeber Verlage GmbH & Co. KG
Alle Rechte vorbehalten

Redaktion: Yvonne Georgi
Projektleitung: Michaela Zelfel
Umschlag und Layout: Hovedkvarteret Grafisk
Design, Kopenhagen
Umschlagfoto und Foodfotos: Klaus Arras;
Aufnahmen auf Agfachrome RSX 100 II
Fotos S. 7: Karin Iden
People-Bilder: Umschlag: gettyone Stone;
S. 8, 52: Bavaria/VCL; S. 36: The Stock Market/
Larry Williams
Fotoredaktion: Sylvie Busche
Satz und Repro: kaltnermedia GmbH
Druck und Bindung: Offizin Andersen Nexö, Leipzig

Printed in Germany

ISBN 3-8043-6043-2

Gedruckt auf elementar chlorfrei
gebleichtem Papier

REZEPTEREGISTER